Günter Saalmann

Lehrergeschichten

Zeichnungen von Ralf Butschkow

Loewe

Die Deutsche Bibliothek – CIP-Einheitsaufnahme

Saalmann, Günter:
Leselöwen-Lehrergeschichten / Günter Saalmann.
Zeichn. von Ralf Butschkow.
– 1. Aufl. – Bindlach : Loewe, 2000
(Leselöwen)
ISBN 3-7855-3589-9

ISBN 3-7855-3589-9 – 1. Auflage 2000
© 2000 Loewe Verlag GmbH, Bindlach
Umschlagillustration: Ralf Butschkow

Inhalt

Gespensternächte

Einmal im Jahr, und zwar im Oktober, spukt es in der Schulbibliothek. Und zwar nachts. Wann genau das geschieht, weiß nur ein Mensch im Voraus, die Deutschlehrerin und Bibliothekarin, Frau Griebe.

Sie druckt dann rechtzeitig auf dem Computer ein Gespenster-Plakat:

Freitagnacht!
Beginn 19 Uhr.
Nur für Null-Angsthasen!!!

Mitzubringen sind Taschenlampen, Isomatten, Unterschrift der Eltern.
Unkostenbeitrag 0,50 Euro.

Auch dieses Jahr war die Gespensternacht wieder gut besucht. Zuerst wurden
Spukgeschichten vorgelesen. Dann gab
es eine Gespenstermahlzeit: Roten
Höllengulasch mit giftgrünen Spagetti.

Nun wurden die Isomatten zwischen den Regalen ausgebreitet und die Taschen-lampen zurechtgelegt. Für den Fall, dass der Geist versuchen sollte, sich im Dunkeln zu verstecken. Alle gingen sicherheitshalber noch einmal zur Toilette, und dann hieß es: „Gute Mitternacht allerseits!"

Und tatsächlich kam um Mitternacht das Gespenst. Und spukte, wie man das von Gespenstern kennt, mit Winseln und Poltern.

Aber das war nicht das Schaurigste.

Die echt schaurige Geschichte passierte erst am Montag darauf. Die Zwillinge Detlef und Andrea Seidel kamen morgens zu spät zur Deutschstunde. Frau Griebe musste sie ernst anblicken. Die beiden sahen zerzaust und ziemlich unausgeschlafen aus.

„Wir können nichts dafür!", verteidigten sie sich. „In der Nacht waren Gespenster da und ließen uns keine Ruhe! Sie haben gepoltert und gewinselt, und ..."

„Waren es gleich mehrere?", fragte Frau Griebe ungläubig.

„In meinem Zimmer war eins", sagte Detlef.

„In meinem war auch eins", erklärte Andrea.

„Und was sagen eure Eltern dazu?"

„Die sind auf Geschäftsreise", riefen beide stolz. „Wir wohnen zurzeit bei unserer Oma."

Am Dienstag passierte die Sache wieder, nur schlimmer – das eine Gespenst hatte Detlefs Gummibärchen aufgefressen, das andere Andreas Schoko-Taler. Als Beweis zeigten die beiden die leeren Tüten vor.

Beweis ist Beweis. Was sollte Frau Griebe machen? Sie musste diesmal noch viel ernster blicken und dazu mahnende Worte sprechen, denn die Schuluhr kann nun mal auf Gespenster keine Rücksicht nehmen.

Zwei Tage war Ruhe.

Doch, man glaubt es fast nicht, am Freitag – die gleiche Geschichte. Wieder mit Detlef und Andrea. Sie kamen angeschlichen wie zwei begossene Pudel, und wieder viel zu spät.

Diesmal waren verschwunden: ein Super-Mario-Spiel und ein Hausschuh.

„Nun reicht es aber!", rief Frau Griebe. „Wenn sich die Gespenster nicht bessern, muss ich den Eltern dieser Geister einen Brief schreiben!"

Einige Schüler meinten, die Geschichte der Zwillinge sei ein Schwindel. Sie sagten sogar, sie sei erstunken und erlogen.

„Ich glaube es jetzt fast auch", sprach Frau Griebe zu den beiden Verspäteten. „Setzt euch – und schämt euch!"

Die beiden nahmen Platz. Sie hatten dunkle Ringe um die Augen vor Müdigkeit. Innerhalb der nächsten Viertelstunde hatten sie die ungekämmten Strubbel-köpfe auf ihre Hefte gelegt und waren eingeschlafen.

In der nächsten Nacht aber geschah das echt total Schauerliche, der blanke Horror. Bei Frau Griebe daheim.

Sie hatte sich zu Bett gelegt, noch ein Weilchen in ihrem Horoskop gelesen und ein Pfefferminz-Bonbon gelutscht. Ein Bonbon ohne Zucker, deshalb gestattete sie sich dieses kleine Vergnügen nach dem Zähneputzen. Und dann hatte sie mit einem Seufzer die Lampe ausgeknipst.

Sie war schon fast eingeschlafen, da schlug die nahe Turmuhr die Mitternachts-stunde.

Plötzlich fuhr sie hoch, von grässlichem

Stöhnen und Winseln aufgeweckt. Mit schreckweiten Augen starrte sie zum matt schimmernden Viereck ihres offenen Fensters. Hilfe, was war das? Einbrecher???

Die kahlen Äste des Apfelbaums bewegten sich. Sie schwankten, sie schaukelten, sie begannen zu leuchten!

Und da tauchte etwas auf, da, noch
etwas! Es flatterte, schwebte, es schwang
auf und nieder ... Zwei Gespenster, weiß
wie Bettbezüge!

An Stelle der Augen sah die Lehrerin nur schwarze Höhlen, aber an der Stelle, wo die Münder hingehörten, brannten blendende Lichter! Bei Detlef und Andrea war pro Person nur ein Gespenst erschienen. Bei ihr aber, bei Isolde Griebe, waren es gleich zwei! Kann man sich das Entsetzen der Ärmsten vorstellen? Sie hatte ihren Schülern nicht glauben wollen, war das jetzt die Strafe?

„Okay, liebe Gespenster, ich glaube ja alles!", rief sie mit zitternder Stimme.

Und undeutlich, wie wenn ein Mensch

eine kleine Taschenlampe im Mund hält, vernahm sie eine schaurig dumpfe Stimme: „Fau Giebe, Fau Giebe, wenn bu moch eimal mib Geklef unb Ambrea fimpf, bann ... bann ..."

„Bann paffier waf!", ergänzte eine andere schaurig dumpfe Stimme, die ebenfalls klang, als ob ein Mensch eine Taschenlampe im Mund hält. Und die Erscheinung erlosch. Nur ein Wind fuhr draußen noch durch die Äste.

Frau Griebe tastete nach ihrer Bonbon-tüte. Sie war noch voll. Lange konnte sie nicht einschlafen, und am Morgen erschien sie zum Unterricht todmüde, wenn auch pünktlich.

Irgendwann kamen die Zwillinge angetrottet. Auch ihnen waren wieder die Gespenster

erschienen und hatten sie um den Schlaf gebracht. Jetzt waren es also schon insgesamt vier Geisterwesen, die diese Klasse heimsuchten!

Heute schimpfte Frau Griebe nicht. Sie sprach Detlef und Andrea Seidel ihren Dank aus, weil sie so heldenhaft nächtelang solche Schrecken erduldet hatten und immerhin doch zur Schule gekommen waren.

Von dieser Stunde an tauchte kein Geist mehr auf. Detlef und Andrea wohnten wieder daheim bei ihren Eltern. Sie baten Frau Griebe, keinen Brief an ihre Eltern zu schreiben. Weil die womöglich sonst ihre Unterschrift verweigert hätten, wenn nächstes Jahr wieder Gespensternacht war – in der Bibliothek!

Der Handschuh

Wieder mal Ulf und Alf. Typisch!

Es passierte an dem bitterkalten letzten Tag vor den Winterferien. Auf dem Schulhof. Frau Geißler kam dazu, wie die beiden Jungen gerade eine neue Art Kampfsport erfanden: Sie versuchten, sich gegenseitig an der Nase zu treffen – mit ihren schweren Jo-Jos, die elektrisch blitzten.

„Her damit!", befahl Frau Geißler.

„Es sind unsere Jo-Jos!", rief Ulf.

„Her damit!!"

„Es sind unsere Nasen!", schrie Alf.

Frau Geißler zog ihre warmen,

gefütterten Fausthandschuhe aus, weil die
sie beim Wegfangen der mörderischen
Dinger behinderten. Sie erwischte sie und
stopfte sie in ihre Manteltasche. Und
vergaß den Zwischenfall.

Nach Schulschluss wollte sie
heimfahren. Aber sie fand ihren linken
Handschuh nicht. Den guten, teuren, mit
Kunstfell gefütterten.

In der rechten Manteltasche war er nicht.
Da steckte nur der rechte. In der linken
Tasche waren nur die Jo-Jos, ihr
Taschentuch und eine Tablette gegen
Kopfschmerzen. Aber kein Handschuh.

Frau Geißler dachte nach: „In der Pause
hatte ich doch noch beide Handschuhe!
Wo habe ich den einen nur hingelegt?"
Sie durchsuchte ihr Fach im Lehrer-
schrank. Nichts.

Die Zimmertür stand offen, aus dem Korridor drang das Schimpfen von Herrn Petrov, dem Hausmeister, der seit einer halben Stunde mit einem Drahthaken in einem verstopften Abfluss der Knaben-toilette angelte.

Frau Geißlers Laune verschlechterte sich. Zu allem Verdruss steckte in dem verwünschten Handschuh auch noch ihr Fahrschein für den Bus!

Ein Verdacht stieg in ihr auf. Ob jemand ihr einen Streich gespielt und den Hand-schuh versteckt hatte? Als kleine Rache? Doch wofür? Hatte sie heute die Note 6 austeilen müssen? Ärgerlich verließ sie das Lehrerzimmer. Noch immer hörte sie Herrn Petrov mit seinem Haken hantieren und schimpfen: „Verflixt und zugestopft! Wenn ich nur wüsste, was da wieder so fest steckt! Diese Bande!"

Sie rief: „Angeln soll beruhigend sein für die Nerven, Herr Petrov! Wussten Sie das nicht?" Es hallte im leeren Schulhaus.

Frau Geißler betrat den Hof. Es hatte begonnen, in dichten, kleinen Flocken zu schneien. Aus dem weißen Gewirbel tauchten zwei Jungen auf. „Gucken Sie mal, was wir gefunden haben!", riefen sie. Die Lehrerin erkannte Ulf und Alf.

Die hielten ihr den vermissten Handschuh hin. Sie mussten ihn eben erst vom Boden aufgehoben haben, Frau Geißler klopfte den frischen Schnee ab. Der Fahrschein steckte im Fäustling.

Die Jungen rührten sich nicht vom Fleck.

„Ach so", sagte die Lehrerin, griff in die Tasche und zog die Jo-Jos hervor. „Manchmal vergisst man, was für nette Burschen ihr doch seid, Ulf und Alf! Na, ich wünsche schöne Ferien!"

Die zwei aber riefen „Alles okay!" und verschwanden im Schneegestöber. Frau Geißler sah nur noch die hüpfenden Jo-Jos blitzen.

Das Faschingskostüm

Frau Seifert stand vor dem Kleider-
schrank. „Heute ist Fasching. Was soll ich
nur anziehen?", fragte sie verzweifelt.

„Das Grüne", schlug ihr Mann vor. „Dazu
vielleicht eine Schleife ins Haar, und du
nennst das Kostüm ‚Windmühle im
Frühling', fertig."

„Veräppeln kann ich mich selber,
Mensch! Hast du vergessen, dass diesmal
sogar eine Preisverleihung stattfindet? Für
das einmaligste Kostüm? Die Verkleidung
muss so gut sein, dass keiner den
anderen erkennt. Eine Haarschleife?

Und deine Frau steht da, und alles ruft:
Frau Seifert als Windmühle?"

„Ich wüsste noch was", sagte ihr Mann.
„Wir haben vom Umzug noch den
Schrank-Karton. Den stülpen wir dir über,
und du gehst als Schrank-Karton. Das gab
es noch nie."

„Okay, darauf habe ich echt Lust", sagte Frau Seifert.

Gut, dass Seiferts einen Kleintransporter besaßen. Herr Seifert fuhr den riesigen Karton in die Schule, trug ihn auf dem Rücken ins Schulhaus und setzte ihn in der Klasse 2a vorsichtig bei der Tafel ab. Gleich darauf begann der Unterricht. Der Karton unterrichtete in den ersten beiden Stunden Mathematik.

In der großen Pause war die Preisverleihung durch den Schulleiter. Den ersten Preis, ein Buch über Formel-1-Wagen, erhielt eine wunderschöne Pocahontas, in die sich gleich mehrere Cowboys verliebten.

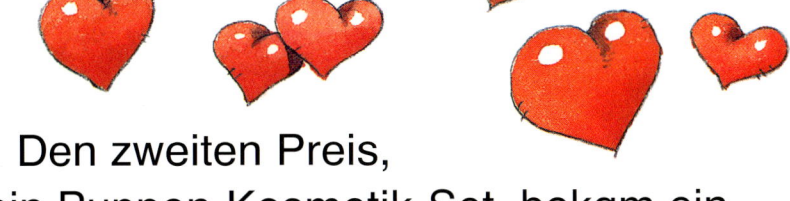

Den zweiten Preis, ein Puppen-Kosmetik-Set, bekam ein Großer aus der vierten Klasse, auf dem „Marlboro" geschrieben stand.

Der Schulleiter redete ihn mit „Herr Schumacher" an. Er glaubte, es wäre Schumi, der berühmte Rennfahrer.

Mit den Preisen war allerdings eine Verwechslung passiert. Schumi und Pocahontas durften tauschen.

„Und nun zum dritten Preis! Das Schrank-Karton-Monster bitte nach vorn!", rief der Schulleiter.

Der Karton schob sich langsam nach vorn.

„Gratulation!", rief der Schulleiter. „Und nun können wir es alle kaum erwarten, zu erfahren, wer darunter steckt!"

Mehrere Schüler halfen, Frau Seifert zu befreien. Sie war ganz rot im Gesicht, aber glücklich, denn der dritte Preis war eine Schachtel Buntstifte. Das Publikum raste.

Hinterher hieß es in der 2a: „Frau Seifert, wir hatten Sie schon heute früh erkannt. Wieso kann ein Karton so gut kopfrechnen? Aber keiner von uns hat was verraten." Und Herzdamen, Seeräuber und römische Legionäre zwinkerten ihrer Mathematik-Lehrerin zu wie echte Verschwörer.

Falsch verbunden

„Meine Nerven! Das verflixte Gepiepse im Unterricht!", schimpft Herr Uhlig oft.

Meine Nachbarin und ich, wir besitzen nämlich jede eine Glückwunsch-Karte, die auch noch beim hundertsten Aufklappen das Lied „Zum Geburtstag viel Glück" ertönen lässt. Wir spielen das Lied oft zweistimmig. Manchmal wetten wir auch, wessen Glückwunsch-Karte zuerst fertig ist.

Herr Uhlig ruft dann: „Meine Nerven!"

Heute war es er selbst, bei dem es piepste.

Wir zerlegten gerade Wörter in Silben, Wörter, die Herrn Uhlig gerade in den Sinn kamen: Win-del, Fla-sche, Ba-de-wan-ne. Jemand schlug das Wort Ba-by-ka-cke vor. Und mitten in unser Riesengelächter hinein piepste es durchdringend, es trillerte.

Herrn Uhligs Hand fuhr wie der Blitz in seine Jackentasche und zog ein Handy hervor.

„Ja bitte!!!", rief er.

Dann lauschte er. Wir alle lauschten.

„Wie bitte? Sie verbinden? Steht es so schlimm?", schrie er in den Hörer.

„Aha", dachte ich, „der Anruf kommt von einem Unfallort. Denn wo sonst wird verbunden? Und was wird verbunden? Doch wahrscheinlich ein Bein oder Arm! Wo sonst kann etwas schlimm stehen?" Ich stellte mir zuckendes Blaulicht vor, Polizei – und das Gedröhn eines Hubschraubers ...

Herr Uhlig stand vor uns, weiß wie Kreide, sein Blick bohrte ein Loch in die Wand. Er atmete schwer. „Was?", schrie er. „Falsch verbunden?"

Meine Nachbarin flüsterte mir zu: „Stell dir das mal vor: Das linke Knie blutet, und sie verbinden das rechte. Sind die doof!"

Wir starben vor Ungeduld, zusammen mit Herrn Uhlig.

„Ja, hier Uhlig! Auf welcher Station liegt sie denn, verflixt noch mal? Bekommt man denn hier keine vernünftige Auskunft?"

„Es muss auf einer Bahnstation passiert sein", flüsterte ich meiner Nachbarin zu.

Wir hatten Herrn Uhlig noch nie so aufgeregt erlebt. Bestimmt handelte es sich um ein Familienmitglied. Wir kannten seine Familie nicht, nicht mal seine Frau.

„Gott sei Dank!", rief Herr Uhlig. Er strahlte.

Auch uns fiel ein Stein vom Herzen. Vielleicht stand es doch nicht so schlimm?

„Verraten Sie mir, was es ist, Doktor?", fragte Herr Uhlig. Seine Stimme klang auf einmal samtweich. Aber der Doktor verriet anscheinend nicht, was für ein Unfall es

war, das sahen wir an Herrn Uhligs
Gesicht, das jetzt rot war wie ein Apfel.
Und dann hörten wir aus dem Handy
kräftiges Geschrei.

„Ein Baby, sag ich doch", sagte ich zu
meiner Nachbarin. Win-del, Fla-sche, Ba-
de-wan-ne.

Herr Uhlig musste sich setzen. Er
weinte. „Sieben Pfund, sieben Pfund",
schluchzte er, total am Ende mit seinen
Nerven.

Wir zückten gleichzeitig unsere Glück-
wunschkarten: „Zum Geburtstag viel
Glück ..."

Neues von den Sauriern

Wir freuen uns, wenn unsere Mathe-
lehrerin krank ist. Nicht, weil sie hustet,
niest und Halsweh hat. Sondern, weil sie
dann daheim bleibt und Herr Huth sie
vertritt. Herr Huth ist lustig.

Wir haben herausgefunden, dass Herr
Huth sich nichts aus Minusaufgaben
macht. Bei Minusaufgaben lässt er sich
babyleicht ablenken. Ein Vogel vor dem
Fenster genügt, die erste Schneeflocke.
Und schon vergisst er die Aufgabe:
„Rechne aus, wie viel 23 Tüten Sauerkraut minus 17 Tüten Sauerkraut
ergeben."

Man muss aber nicht auf Schneeflocken oder Vögel warten. Man fragt einfach: „Stimmt es, Herr Huth, dass Sie alles wissen?"

Und er antwortet: „Natürlich, ein Lehrer weiß alles." Und in seinen Augen blitzt es merkwürdig.

Ich melde mich: „Herr Huth, was ist Siebzehn und Vier?" Ich erwarte, dass er antwortet: „Einundzwanzig."

Aber Herr Huth ist schlauer und antwortet: „Ich kenne ein Kartenspiel, das so heißt."

Ich teste ihn weiter: „Was ist das, Herr Huth: Es liegt auf dem Frankfurter Flughafen. Es ist rund und hat vier kleine Löcher."

Herr Huth guckt zur Decke. „Auf dem Frankfurter Flughafen?" Er hat keine Ahnung. Wir lachen ihn aus: „Ein Knopf, ein Knopf, Herr Huth, ein verlorener Hosenknopf!"

Sein Auge blinzelt, und er gibt zu, dass Lehrer doch nicht alles wissen, nur das meiste.

Ich lasse nicht locker: „Wir geben Ihnen eine Chance, Herr Huth. Frage: Warum sind die Saurier ausgestorben?" Dies ist nämlich das Problem, auf das wir in unserer Klasse immer noch keine Antwort gefunden haben.

Herr Huth steht vorn, das Kinn in die Hand gestützt. Er überlegt.

Und beginnt langsam, als müsste er sich erst erinnern: „Also die Saurier. Hm. Die lebten einst in den Alpen. Der Jambosaurus. Der Daktylosaurus. Und wie sie alle heißen. Na, die Namen kennt jedes Kleinkind im Schlaf."

„Alles klar, Herr Huth. Weiter!"

„Auf den Almwiesen grasten sie friedlich, die Saurier. Wie Kühe. Was fraßen sie? Natürlich die gesunden Alpenkräuter."

„Welche Kräuter genau?", bohre ich nach.

„Nun ... Springkraut, damit sie springen lernten."

Ich lache. „Schwimmkraut, damit sie schwimmen lernten! Kriechkraut fürs Kriechen, Fliegenpilze fürs Fliegen ..."

„Richtig", sagt Herr Huth. „Fliegenpilze sind giftig. Daran sind aber nur die Flugsaurier gestorben. Aber die Lieblings-speise der übrigen Saurier war natürlich das *Sauer*kraut. Davon kommt ja erst das

Wort *Saurier*. Dieses Kraut hat viel
Vitamin C."

Ich staune. „Davon stirbt man doch nicht
aus?"

„Doch", sagt Herr Huth. „Wenn man sich
nämlich dran gewöhnt hat, und plötzlich
ist es alle. Die Saurier sind glatt an
Vitaminmangel zu Grunde gegangen."

„Warum war das Sauerkraut alle?"

„Überlegt doch mal: Wer lebte außer
den Sauriern noch in den Alpen? Die
Bayern. Wie gern essen die Sauerkraut!
Noch heute! Zu Bratwürsten! Kurzum, die
Bayern haben den Sauriern ihre Lieblings-
speise weggegessen. Deshalb sind die
Saurier ausgestorben. So, und nun wollen
wir versuchen, rauszu-
kriegen, wie viele Tüten
Sauerkraut uns in unserer
Minusaufgabe übrig
bleiben."

Herr Huth ist lustig. Leider
auch ein bisschen listig.

Der Kuss, die Geige
und der Sellerie

Wir haben es alle gesehen: Herr Marek
hat Fräulein Zaumseil einen Kuss
gegeben. Seitdem sind die beiden verliebt.

Das mit dem Kuss kam so: Es war am
Projekttag. Der Projekttag hieß „Die Welt
der Saurier". Die ganze Schule saß im
Kino. Auf der Leinwand kämpfte ein
Megalosaurus gegen einen Stegosaurus,
und die Jungen schrien: „Gib's ihm!" Die
einen waren Fans vom Stego, weil der
schwächer aussah, die anderen waren
Fans vom Mego, weil der stärker aussah.

Da geschah es: Herr Marek, der vorn rechts neben Fräulein Zaumseil saß, wendete den Kopf nach links hinten und wollte gerade rufen: „Ruhe da hinten!" Und Fräulein Zaumseil wendete ebenfalls den Kopf, weil sie rufen wollte: „Kinder, findet ihr es eine gute Idee, mit solcher Lautstärke die übrigen Zuschauer zu stören?" Doch sie wendete den Kopf nach rechts, in Herrn Mareks Richtung – und da berührten sich ihre Münder. Wir bemerkten es, obwohl die Saurier sich gerade gegenseitig in die verknoteten Hälse bissen.

Der Mund von Fräulein Zaumseil und
der Mund von Herrn Marek fuhren
natürlich sofort auseinander und
hauchten: „Oh, Entschuldigung, Kollegin!"
und „Oh, Entschuldigung, Kollege!" Aber
geküsst ist geküsst, nun waren die beiden
Lehrerpersonen verliebt. So schnell geht
das manchmal.

Nun muss man wissen: Herr Marek ist
als Lehrer irgendwie komisch. Er bringt zu
seinem Unterricht nicht etwa einen
Rekorder mit, sondern eine ziemlich
altmodische Geige.

Er ist so etwas wie ein Saurier unter den
Lehrern. Aber Geige spielen, das kann er.

Die Kinder singen, er spielt. Zwischen den Strophen müssen sie warten, dann macht er ein Zwischenspiel. Und seit dem Vorfall im Kino geraten diese Zwischenspiele oft sehr lang. Der Bogen flitzt nur so über die Saiten, die Finger tanzen. Es klingt wie ein Jubilieren. Man hört es im ganzen Haus, auch über uns in Fräulein Zaumseils Zimmer, wo manchmal solches Chaos herrscht. Plötzlich herrscht Ruhe.

Inzwischen wurde bekannt, warum dort oben plötzlich alles mäuschenstill sitzt: Wenn die Geige so zu jubeln beginnt, beobachten Fräulein Zaumseils Kinder gespannt das Gesicht ihrer Lehrerin. Wie es rot wird. Und wie sie ihre freundliche, große Nase in ihren lieben, großen Händen verbirgt. Gar nicht wie verliebt, sondern als wäre sie ärgerlich.

Heute ist schließlich etwas passiert. Herr Marek saß daheim auf seiner Terrasse und wollte einen Bio-Sellerie klein schneiden. Für einen Bio-Salat. Das ist ein besonderer Salat, besonders gesund, besonders mild gewürzt, ein Salat für Verliebte.

Doch da gleitet ihm das Messer ab! Weil er mit seinen Gedanken ganz woanders ist – nämlich im Kino!

Aus seinem Finger kommt Blut. „Da haben wir den Salat!", ruft Herr Marek. Man hört es bis auf die Straße.

Zufällig kommt Fräulein Zaumseil vorbei. Sie läuft schnell den Gartenweg entlang und sieht die Bescherung.

„Wo ist die Hausapotheke?", ruft sie.

„Im Schlafzimmer, gleich links", stöhnt Herr Marek. „Aber dort sieht es aus! Furchtbar!"

Fräulein Zaumseil holt Verbandszeug und wickelt einen extradicken Verband: „Damit es bald heilt, wegen des schönen Geigenspieles! So furchtbar sieht es übrigens gar nicht aus", tröstet sie Herrn Marek. Und sie macht den Bio-Sellerie-Salat fertig. Mit einer Spur Knoblauch. Der Salat schmeckt beiden so gut, dass sie beschließen, noch dieses Jahr zu heiraten.

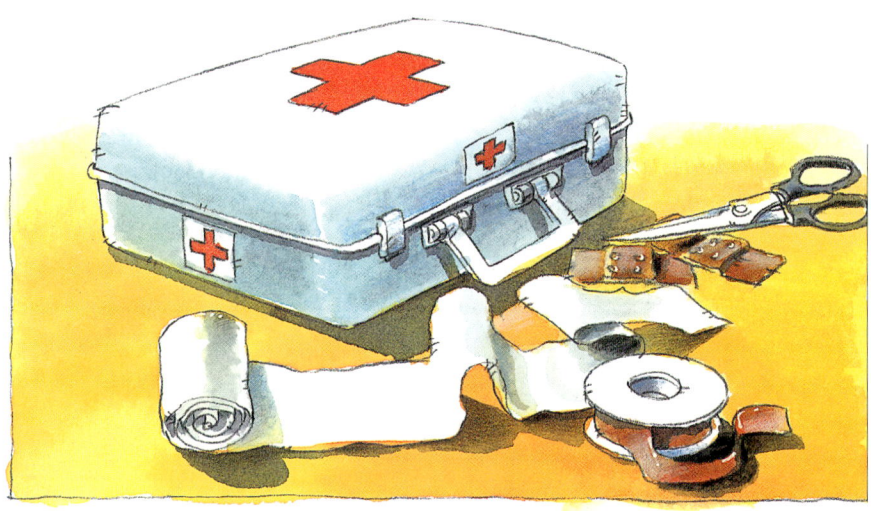

Wandertag

Frau Haumann hat mitgeteilt: „Am Dienstag ist Klassenwanderung zum Rochlitzer Berg. Wir freuen uns alle darauf, vielleicht sind auch die Brombeeren schon reif. Bequeme Schuhe, Trinkflasche, kleiner Snack, Taschengeld – nicht mehr als zwei Euro! Unsere Praktikantin kommt auch mit."

Die junge Praktikantin saß dabei. Sie lernt von Frau Haumann, wie man Schule hält. Und in ihre Richtung hat Frau Haumann leise noch etwas gesagt: „Seit meinem Beinbruch liebe ich Wandertage besonders. Da kann ich mein Bein so schön trainieren, wissen Sie?"

Wir in der Klasse dachten: „Wandern, okay, mal kein Unterricht. Aber gleich vier Kilometer? Wozu gibt es Autos?"

Jeder kennt das geschnitzte Rucksack-Männlein vor der Schule, den Wegweiser:

Am Dienstagmorgen geht es los. An der Spitze die Praktikantin, dann wir, hinten Frau Haumann. Jeder schleppt seinen Rucksack mit der Verpflegung. Der Marsch beginnt gleich mit dem Quietschen einer Autobremse. Der Fahrer schreit die Praktikantin an: „Keine Augen im Kopf, was?"

Daraufhin wechseln die Praktikantin und Frau Haumann die Plätze. Frau Haumann läuft jetzt vorn, die Praktikantin hinten. Dann kommt der Waldweg. Die Brombeeren sind noch grün. Das Murren geht los: „Frau Haumann, Sie haben uns Brombeeren versprochen!"

„Entschuldige, Jens. Ich habe mich geirrt. Vielleicht gibt es weiter oben aber doch schöne reife, schwarze!"

„Weiter oben? Wir müssen auch noch bergauf?"

„Bergwanderungen beginnen nun einmal bergauf, Carolin."

„Frau Haumann, meine Schuhe drücken."

„Ich hatte euch doch gebeten, Kai: Bequemes Schuhwerk!"

„Frau Haumann, hier ist ein Pilz!"

Frau Haumann muss über den Graben

steigen und den Pilz bewundern. „Es ist ein Ritterling, Jana", sagt sie. „Ein guter Speisepilz, zum Abendessen leicht geschmort zum Butterbrot – ein wahrer Genuss!"

„Dann nehme ich ihn mit!"

„Gute Idee, Jana, nimm ihn mit."

Jetzt wollen alle Kinder im Wald Ritterlinge suchen, aber Frau Haumann sagt Nein, jemand könnte verloren gehen.

„Ist das heute heiß, Frau Haumann! Wir haben solchen Durst!"

„Dann nehmt einen Schluck aus der Trinkflasche."

„Die ist schon leer, Frau Haumann."

Frau Haumann verteilt an die Durstigen saure Bonbons. Alle haben furchtbaren Durst.

„Frau Haumann, ist es noch weit?"

„Guckt mal hier", sagt Frau Haumann. „Aber leise! Hier sitzt ein Großer Fuchs!"

„Wo, wo?!"

„Da flattert er!"

„Ach so. Bloß ein Schmetterling! Nicht mal ein echter Fuchs."

Der rostrote Schmetterling, der also „Großer Fuchs" heißt, schaukelt gemütlich den hellen Weg aufwärts. „Hinterher! Wer fängt ihn!", ruft Frau Haumann.

Eine wilde Jagd beginnt, der Schmetterling erhebt sich hoch in die Luft und verschwindet im Sonnenschein.

„Wieder fünfzig Meter geschafft", murmelt Frau Haumann und sieht sich nach den Nachzüglern um.

Die Praktikantin ist nicht zu sehen. Außerdem fehlen Jana, Tim und Arne. Frau Haumann ruft nach vorn: „Frühstück!" Und nach hinten ruft sie: „Kollegin Schmiedel! Jana! Tim! Arne!"

Der Ruf verhallt zwischen finsteren Fichten. Auf der anderen Seite des Weges ist eine Geländerstange. Dahinter geht es steil hinab in eine Schlucht. Nur ein paar Birken klammern sich mit ihren Wurzeln in den Fels. Frau Haumanns Ruf wird schrill: „Jaaaana! Tiiiiim! Aaaarne! Kollegin Schmiiiiiedel!"

Die Frühstücksrunde stimmt in die Rufe ein. Keine Antwort.

Frau Haumann nimmt ihr Handy. Sie spricht. Sie lauscht.

Da tritt die Praktikantin fröhlich aus einem Gebüsch weiter oben. Lachend, ihr eigenes Handy am Ohr.

Ihr folgen Jana, Tim und Arne. Sie haben jede Menge Ritterlinge gefunden. Und Brombeeren.

„Frau Haumann, ist es noch weit?"

Frau Haumann atmet tief durch. Weil die Luft so gut ist.

Irgendwann erreichen wir den Gipfel.

„Diese herrliche Aussicht!", ruft Frau

Haumann. Sie setzt sich zur Praktikantin ins Gras und sagt: „Ich kann so manches Liedlein singen. 25 Lieder, für jede Klassenwanderung ein anderes."

Die Kinder umdrängen den Kiosk. Die Cola zischt. Auch benötigt man dringend Überraschungseier, Schoko-Kekse und Wanderstöcke.

Frau Haumann klatscht in die Hände. „Kinder! Auf geht's!"

„Mann, das sind ja noch mal 4 Kilometer!", protestiert Silke.

Frau Haumann erhebt sich etwas

mühsam. Kann es sein, dass sie ein wenig humpelt?

Bergab geht es schneller. Nur Frau Haumann bleibt gelegentlich ein Stück zurück. Die Praktikantin übt unterdessen mit uns „Laurentia", ein Lied, bei dem 63 Kniebeugen fällig sind. Frau Haumann weigert sich mitzumachen. Hat sie schlechte Laune? Wir gehen weiter.

Jana und die anderen Pilzsucher fangen an zu jammern, dass sie die Ritterlinge

tragen müssen. Ich habe eine Idee: Ich sammle die Pilze ein und überreiche den prallen Plastikbeutel Frau Haumann. Da hat sie heute zum Abendbrot einen wahren Genuss!

Günter Saalmann wurde 1936 in Waldbröl im Oberbergischen geboren. Später zog er nach Sachsen, lernte Russisch, Posaune spielen, Schaufenster dekorieren und Bücher schreiben. Heute lebt er in Chemnitz, ist mit seinem Programm „Po(e)saunenstunde" viel unterwegs und arbeitet als Autor. Er ist verheiratet, hat zwei erwachsene Kinder und eine Enkeltochter. Seine Frau ist Lehrerin und hat ihm für die Geschichten in diesem Buch diesen und jenen Tipp gegeben.

Ralf Butschkow, geboren 1962 in Berlin, lebt mit seiner Frau, Tochter und Sohn noch immer dort. Eigentlich wollte er ja mal Lehrer werden, weil die immer so viel Ferien haben. Dann hat er sich aber doch für ein Grafikstudium entschieden, arbeitete als freier Werbegrafiker und ist heute überwiegend als Kinderbuchillustrator für verschiedene Verlage tätig.

Leselöwen

Jede Geschichte ein neues Abenteuer